LES PRUSSIENS

A

NOGENT-LE-ROI

HAUTE-MARNE

DÉCEMBRE 1870

PAR

L'ABBÉ VOILLEMIN

Curé d'Augers.

PRIX: 40 CENTIMES

PARIS-AUTEUIL

IMPRIMERIE DES APPRENTIS-ORPHELINS. ROUSSEL

40, RUE LA FONTAINE.

—

1882

A LA MÉMOIRE

DE

M. L'ABBÉ METTRIER

Ancien curé doyen

DE

NOGENT-LE-ROI

TÉMOIGNAGE DE RECONNAISSANCE

A M. L'ABBÉ MAGNIEN

Curé doyen

DE

NOGENT-LE-ROI

A MES AMIS

Les faits racontés dans cet opuscule auraient dû l'être depuis longtemps si une plume plus autorisée que la mienne n'avait pas été trop modeste.

Une ville, quelle qu'elle soit, ne doit pas se désintéresser de son histoire locale et, à plus forte raison, laisser passer sous silence des événements si graves qu'ils ont presque menacé son existence.

J'ai lu depuis 1872 le livre de M. Édouard Fournier intitulé : *les Prussiens chez nous*. Cet ouvrage est rempli de patriotisme, c'est vrai. Mais, hélas ! sauf de rares exceptions, les détails qu'il renferme sont presque tous erronés. Où a-t-il puisé ses renseignements ? Je l'ignore : mais très certainement ce ne sont pas des témoins oculaires qui les lui ont donnés. Ce ne sont donc que des récits qui, après avoir volé de bouche en bouche, sont arrivés dénaturés à celui qui a bien voulu les mentionner.

J'avais toujours espéré que l'un des hommes intelligents de Nogent, bien renseigné, se ferait un devoir de transmettre à la postérité une histoire qui ne date que d'hier, à la vérité, mais que ses descendants seraient heureux de lire dans cinquante ans.

J'avais pensé aussi à mes anciens camarades d'étude. Parmi eux, et sans vouloir blesser leur modestie, il en est plusieurs qui auraient très bien fait ce récit.

Mon espérance a été déçue ; je me suis mis à l'œuvre,

j'ai mis en ordre des notes écrites, à la hâte, au moment
où s'accomplissaient les événements, et restées depuis
cette époque dans mes cartons. J'y ai ajouté quelques
réflexions personnelles, que vous aurez la liberté de
juger. Voilà tout mon travail.

Ce n'est donc ni une œuvre littéraire ni une étude
magistrale que je me permets de vous offrir. Les
ressources de l'imagination étant inutiles, j'ai dû me
borner à être vrai. Si ces quelques pages n'ont pas
d'autre mérite, elles auront du moins celui-là.

Augers, ce 1er août 1882.

F. VOILLEMIN.

PRÉFACE

L'épouvante était dans toutes les villes ouvertes. Les Prussiens, traînant à leur remorque l'Allemagne entière, avaient envahi la France désarmée par d'épouvantables désastres.

Le 2 août, le prince impérial avait reçu à Saarebruck le baptême du feu. Hélas! les dragées de ce baptême devaient coûter bien cher à la France, a dit M. de la Guéronnière.

Plusieurs défaites, rapides comme la foudre, étaient venues jeter la consternation dans la France. Wissembourg, Wœrth, Forbach, Sedan et Metz avaient marqué d'autant d'étapes cette voie douloureuse.

Trois cent mille soldats étaient internés en Allemagne. Ce n'étaient, dans notre France, d'ordinaire si belle et si prospère, que colères ou gémissements. Beaucoup de mères pleuraient leurs enfants tombés en combattant sur les champs de bataille de l'Alsace et de la Lorraine et, comme Rachel, ne voulaient plus être consolées parce qu'ils n'étaient plus.

Le Dieu des armées semblait abandonner la France; les Duguesclin, les Turenne et les Ney n'étaient plus là pour conduire nos soldats à la victoire.

L'histoire impartiale dira un jour, lorsque les passions seront calmées, que le temps aura guéri nos plaies et cicatrisé nos blessures, ce que fut l'agonie d'une grande nation pendant sept longs mois ! Comment notre réputation militaire s'effondra en quelques jours ! Comment la patrie des Clovis, des Charlemagne, des Henri IV, des Louis XIV et des Napoléon le Grand devint en quinze jours la proie des Allemands que nous avions tant de fois vaincus.

Les éclatantes victoires du premier empire n'étaient plus qu'un souvenir.

Napoléon III, fait prisonnier le 2 septembre, avait été envoyé à Cassel. Les Allemands s'en vantaient, et pour un thaler les étrangers obtenaient la permission de visiter le château et le parc de Wilhemsœhe, occupé par l'empereur déchu. C'était une humiliation de plus.

Napoléon 1er n'exhibait pas ses prisonniers; il avait pourtant en son pouvoir la ménagerie complète de tous ces rois, princes et grands ducs : il se contentait de leur permettre de s'asseoir dans son antichambre, et de lui servir de laquais.

C'était alors, une rivalité entre eux, à qui cirerait ses bottes ou brosserait son manteau.

Et, puis, quand Napoléon aurait voulu bénéficier de leur présence, la recette aurait été nulle : Qui donc aurait donné un sou pour voir un prince allemand prisonnier !

D'autres écriront plus tard cette lugubre histoire. Pour moi, je l'avoue, cette tâche est au-dessus de mes forces.

Je veux seulement essayer de tirer de l'oubli l'une des mille péripéties de ce drame sanglant, et rectifier plusieurs erreurs commises par des hommes bien intentionnés et honorables, mais qui n'ont point été témoins oculaires de ces événements, et qui ont dû quand même omettre certains détails.

1*

LES

PRUSSIENS A NOGENT-LE-ROI

—

DÉCEMBRE 1870

La ville de Nogent avait eu à différentes reprises l'occasion de recevoir les Allemands. Le casque en cuir
bouilli surmonté du paratonnerre ne l'étonnait plus.
Nous ne les avions encore point vus à l'œuvre : pour
nous c'étaient des vainqueurs, mais pas encore des
bandits. Nous allions être cruellement désillusionnés.

Le 6 décembre, à deux heures de l'après-midi, une
compagnie du 3ᵐᵉ régiment de Poméranie (Landwher)
faisait son entrée dans la ville.

Il s'agissait de nous imposer une contribution de
guerre qui dépassait de beaucoup les ressources du
pays.

La ville épuisée par les sacrifices précédents ; les
usines fermées depuis cinq mois, les ouvriers sans
ouvrage, les pauvres plus nombreux, la misère gran-
dissant chaque jour ; telle était sa situation.

Comment résoudre un pareil problème ? Qu'allions-
nous devenir en face de cette nouvelle exigence ? Il
fallait beaucoup d'argent, et une quantité considéra-
ble d'approvisionnements dont la longue énuméra-
tion effrayait, avec raison, ceux qui avaient accepté la

Les étourdis chantaient victoire, les gens sérieux au contraire mettaient en sûreté leurs objets les plus précieux, et faisaient leurs préparatifs de départ.

La nuit se passa dans des transes continuelles, et lorsque le jour parut, on voyait sur tous les visages des marques non équivoques d'inquiétude.

J'aurai plusieurs fois dans ce court récit l'occasion de prononcer le mot franc-tireur. Il ne s'agit point ici de ces bandes indisciplinées autant que lâches, de ce vil ramassis de repris de justice, de ces étrangers sans aveu, sans foi ni loi, dont l'écoulement vers la France faisait dire à un député de Florence : « Après qu'ils seront partis, on pourra abolir la gendarmerie. » Il y en avait de toute sorte, à Paris comme dans le centre de la France : exterminateurs de toute espèce, bataillons de tyrannicides, régiments de patriotes, légions de l'étoile, du soleil et de la lune, enfants perdus, tirailleurs de Flourens, éclaireurs à pied, à cheval, et même en voiture. C'était dans certains pays un tohu-bohu indescriptible. Parés de costumes de cirque, forts devant les femmes et les enfants, mais fuyant devant l'ennemi.

Il ne s'agit point de ceux-là. Il y avait des troupes voulant combattre pour leur pays et mourir pour lui.

Combien d'hommes comme M. Barotte n'ont pas hésité à réunir des soldats vraiment infatigables, disciplinés, et qui, durant la guerre, ont rendu de grands services.

C'étaient ceux-ci que les Prussiens craignaient, et c'est pour cela qu'ils ne leur faisaient point de quartier.

Ceci dit, je reviens à mon sujet.

Le lendemain, 7 décembre, un bataillon du 2ᵐᵉ régiment de Poméranie, un escadron de hulans et deux pièces de canon apparaissent sur la hauteur entre Mandres et Nogent à huit heures du matin, et sans qu'il ait été fait de sommations, bombardent la ville.

Pendant deux heures de nombreux obus sillonnent l'air, tombent dans les rues et sur la place, mais n'occasionnent que peu de dégâts, grâce à une épaisse couche de neige qui amortissait leur choc.

Les mobiles, bien inférieurs en nombre, avaient battu en retraite. Le brigadier de gendarmerie Mathey, envoyé en reconnaissance, affirmait qu'il ne s'agissait pas de huit cents hommes, comme on l'avait dit d'abord, mais de plus de cinq mille ennemis, ayant avec eux une nombreuse artillerie. Nous nous sommes demandé pendant longtemps quel but il s'était proposé en causant cette panique.

L'erreur se dissipa vite. Les mobiles de la Savoie qui ne reculaient qu'à regret, à peine arrivés à l'usine du Viviers, et bien renseignés cette fois, firent volte-face, gravirent au pas de course le chemin qui conduit sur les hautes vignes, et engagèrent avec l'ennemi un vrai combat.

Pendant ce temps, de graves événements s'étaient produits dans la ville. Les Prussiens, furieux de leur déception de la veille, et brûlant de venger leurs camarades, avaient répandu partout le carnage et la mort. Des habitants inoffensifs massacrés dans leurs maisons, ou emmenés comme otages, des dégâts matériels considérables, un pillage cyniquement organisé, tels furent les procédés au moyen desquels ils voulaient faire payer aux malheureux habitants leur déconvenue de la veille.

Le maire de Nogent, M. Émile Combes, supplié de fuir, n'y voulut pas consentir. Il savait le danger auquel il s'exposait ; les sollicitations et les prières de sa femme et de ses amis le trouvèrent inébranlable dans sa résolution. Il attendit, seul, chez lui, l'arrivée des Prussiens. Une minute après, portes et fenêtres volèrent en éclats ; une troupe furieuse, exaspérée, fit irruption dans sa maison : et pendant quelques instants, ces bandits assouvirent leur rage sur cet homme désarmé ; d'un coup de crosse de fusil appliqué sur la tête, ils lui firent une large blessure, le jetèrent hors de chez lui, le visage ensanglanté, les mains liées derrière le dos, sans chaussures, presque sans vêtements et la tête découverte. Le thermomètre marquait dix-sept degrés centigrades au-dessous de zéro.

Lorsqu'ils furent atteints par les mobiles, leur esprit inventif trouva un excellent moyen pour se mettre à l'abri des balles.

Les quinze otages furent mis en ligne, et ce fut, protégés par ce rempart vivant, que les Allemands soutinrent la lutte. Genséric et Attila étaient dépassés !

Dans ce combat qui dura une heure et demie, les Français eurent un homme blessé. Du côté des Allemands il y eut environ vingt hommes hors de combat ; et, comme toujours, on exagéra leurs pertes. Ceux-ci durent pourtant battre en retraite, car les mobiles gagnaient du terrain. Ils se replièrent en bon ordre, après avoir placé au milieu d'eux les otages qu'ils regardaient comme une garantie. Deux des leurs étaient restés entre les mains des mobiles.

Vers deux heures de l'après-midi, ils reprenaient la route de Chaumont. Tout en marchant, et comme pour s'entretenir la main, ils fusillèrent à bout portant un vénérable vieillard de Mennevaux, M. Robert. deux habitants de Noyers, les frères Duvoisin, furent aussi victimes de leur barbarie. Quelques instants après, on amenait les trois cadavres à Nogent.

L'histoire dira plus tard de quel côté se sont trouvés le droit et la justice. Je me contente de penser et de dire qu'un empire édifié sur de pareilles bases ne saurait avoir une existence durable. Les larmes des mères et le sang des innocents seront un jour de puissants avocats.

A vingt kilomètres de Nogent se trouvaient, abrités par des remparts, et protégés par de nombreux forts, vingt mille Français, impatients de sortir de la place et de se mesurer en rase campagne avec un ennemi supérieur en nombre.

L'occasion était belle pour eux, et la victoire certaine. Un M. Arbellot se trouvait d'aventure être le commandant de cette petite armée. Les autres officiers supérieurs avaient été tués.

Les officiers sous ses ordres et ses soldats ne demandaient qu'à combattre ; ils manifestaient hautement leur opinion. Le général crut enfin devoir accéder à ce désir, et prit ses dispositions en conséquence.

A la tête d'un bataillon du 50e deux fois anéanti, deux fois reformé, commandant Koch, d'un bataillon de mobiles de la Haute-Marne, colonel de Régel, et de deux cents francs-tireurs, commandant

Barotte, escorté de plus par un demi-escadron de gendarmes à cheval, il sortit de Langres vers sept heures du matin et se dirigea vers le lieu du combat ; mais lentement, faisant faire halte à chaque instant, en un mot ne voulant pas arriver.

. A quatre heures du soir, et lorsque depuis une heure de l'après-midi l'ennemi avait disparu, il fit son entrée dans la ville. Arbellot avait mis neuf heures pour faire vingt kilomètres.

Le lendemain à six heures du matin, les clairons sonnaient, les tambours battaient ; les hommes, le fusil sur l'épaule, retournaient à Langres, sans avoir tiré un coup de fusil.

C'était une nouvelle journée dés Dupes. Deux compagnies du 2e bataillon des mobiles de la Savoie, la compagnie Barotte forte d'environ deux cents hommes, et une soixantaine d'hommes échappés de Sedan et de Metz, formant une demi-compagnie, reçurent l'ordre de défendre la ville.

Les Prussiens reviendraient certainement à la charge, et il fallait leur donner une leçon.

Nogent était devenu place de guerre ; c'était de tous côtés un enthousiasme indescriptible.

De lourds chariots placés aux extrémités de la ville et chargés de pierres, de nombreux arbres abattus, des barricades solidement construites ; derrière ces barricades, six cents hommes déterminés et une population décidée à se défendre contre l'envahisseur ; c'était plus qu'il n'en fallait pour tenir les Prussiens à une distance respectueuse.

Le 9 décembre on rendit les derniers honneurs aux victimes du 7. Un service solennel fut célébré dans l'église de Nogent ; je dois le dire à la louange des habitants, une foule immense accompagna leurs restes jusqu'au cimetière, et cela, malgré la crainte de l'ennemi, et malgré un froid tel que les francs-tireurs de la compagnie Barotte formant l'escorte d'honneur pouvaient à peine tenir leurs fusils.

Le dimanche 11 décembre, à sept heures du matin, un ordre de départ était transmis à la petite garnison.

Aussitôt, mobiles et francs-tireurs bouclent leurs sacs, font leurs préparatifs et, à huit heures précises, sortent de la ville au milieu de l'étonnement général.

On avait tout fait pour se préparer à une résistance sérieuse ; les habitants étaient plus décidés que jamais à se défendre, et mobiles et francs-tireurs reçurent l'ordre du départ avant d'avoir même vu l'ennemi.

Alors, pourquoi tous ces préparatifs ? Pourquoi ces barricades ? Pourquoi nous avoir promis un concours efficace ? Pourquoi ? Ah ! la chose est triste à dire, mais elle est vraie. Le 5 novembre précédent, au lendemain du combat de Bretenay, pendant que mobiles et francs-tireurs fuyaient éperdus, massacrés à chaque instant par plus de quinze mille Prussiens, le préfet Spuller avait envoyé un ordre de marche à la garde nationale du canton de Nogent. Il s'agissait de prêter main-forte aux mobiles refoulés de Chaumont. Et la garde nationale, non seulement n'avait pas obéi, mais avait tout de suite renvoyé fusils et munitions à Langres ; de là grande colère de la part du préfet et du général ; de là aussi la volonté bien arrêtée de punir la ville de son peu de patriotisme.

Je comprends que l'on tienne un pareil langage

quand on est dans une place forte, protégé par d'épais remparts, et que des forts placés à cinq et même six kilomètres tiennent l'ennemi à distance.

Mais résister dans une ville ouverte, qu'un ennemi décidé pouvait prendre en une heure ; ville défendue par des hommes inexpérimentés, armés seulement de l'ancien fusil à piston, ét dont chacun n'avait que six cartouches à brûler ; pouvait-on faire plus qu'on a fait ? Faire ou essayer de faire davantage n'aurait-il pas pu être taxé de folie ?

Certainement Bazeilles et Châteaudun auront un jour leur nom écrit en lettres d'or dans les pages de l'histoire. Mais, hélas ! leur héroïsme n'a pas sauvé la France des désastres qui lui étaient ménagés. Les morts ne sont pas moins morts, les ruines amoncelées sans que Saint-Privat et Châteaudun aient pu retarder d'une heure la marche de l'ennemi.

Soixante francs-tireurs environ, ceux dont j'ai parlé en dernier lieu, n'avaient point voulu quitter la ville. Ils avaient compris, ces braves, qu'un malheur était imminent, et, à tout prix, ils voulaient nous faire un rempart de leurs poitrines.

Leur dévouement n'a pas été inutile ; ils ont montré qu'à cette époque il y avait encore des Français en France. Ils auront des successeurs, et il faut l'espérer des vengeurs. Gloire à eux ! Enfants, à vous leur revanche.

La ville de Nogent a voulu leur prouver sa reconnaissance. Un monument commémoratif a été érigé à leur mémoire. Sur les quatre faces du piédestal, leurs noms sont gravés ; et l'ange du jugement dernier, placé à son sommet, la trompette à la main, semble attendre dans la nue l'aurore du grand jour de la résurrection.

Les Prussiens, avertis par leurs espions, étaient au courant de la situation. Ils avaient appris que le 11 décembre au soir, il n'y avait plus de forces sérieuses pour défendre la ville. Leur parti fut vite pris.

Un bataillon d'infanterie de ligne Silésie) et deux bataillons de Landwher (Poméranie) reçurent l'ordre de se tenir prêts à partir pendant la nuit. A trois heures du matin, les bataillons étaient rangés par compagnies sur la place de la Préfecture. A trois heures trente minutes, les trois mille hommes commandés pour l'expédition levaient en même temps le pied gauche pour marquer le pas. Les deux tiers de cet effectif prirent la route de Nogent par Foulain, et l'autre tiers celle de Biesles.

Il fallait un grand stratégiste et un profond penseur, il faut en convenir, pour diriger une aussi dangereuse expédition ; car il ne s'agissait de rien moins que de prendre de force une ville ouverte défendue par soixante hommes.

La colonne prussienne qui avait passé par Biesles fut signalée la première, le 12 décembre, à huit heures du matin. Un quart d'heure après, elle mettait en batterie six pièces de canon, et pendant cinq heures faisait pleuvoir sur la ville une pluie d'obus, qui, entourés d'une enveloppe de plomb, ne pesaient pas moins de trente kilogrammes chacun. Personne ne fut blessé, mais il y eut des dégâts matériels considérables.

Les habitants avaient fui presque tous; qui dans les forêts, qui dans les villages voisins. C'était une épouvante générale. Beaucoup s'étaient réfugiés dans les caves. Une vingtaine de personnes avaient trouvé un asile dans celle des sœurs. Parmi elles se trouvait M. Mettrier, curé de Nogent, dans ces tristes jours. Nous pensions tous que sa personne courait de graves dangers, et nous avions obtenu de lui la promesse qu'il ne s'exposerait pas.

Lorsque le bombardement eut cessé, que les Prussiens eurent renversé tous les obstacles pouvant s'opposer à leur entrée dans la ville; lorsque de tous côtés des incendies eurent été allumés; lorsqu'on eut entendu dans la rue les plaintes des victimes se mêler aux vociférations des bourreaux, ils crurent que pour eux aussi la dernière heure était arrivée. Instinctivement, ils se mirent à genoux, et reçurent une dernière absolution, puis ils attendirent dans le recueillement et le calme que l'heure fatale eût sonné.

Les malheureux ! ils ne savaient pas qu'il leur faudrait boire jusqu'à la lie le calice de l'humiliation et de la douleur.

L'arrivée des Allemands à Nogent—le—Haut fut le signal d'épouvantables excès. Ils assouvirent leur rage sur tout ce qu'ils rencontrèrent. Ni l'âge ni le sexe ne furent épargnés ; on aurait dit une ville prise d'assaut. Les devantures des magasins mises en pièces, les marchandises pillées ou détruites, c'était un criminel acharnement.

Une chose dans ce moment terrible me frappa. Un hulan venait de détruire à grands coups de sabre la devanture du magasin de M. Oury-Ménage; faïences, porcelaines et cristaux gisaient à terre pulvérisés. Une statue de la Sainte Vierge était restée seule, mais toute seule debout dans la vitrine. Je ne sais pourquoi, même en ce moment où nous étions environnés d'une atmosphère de mort, je me pris à espérer tout à coup, et à penser que, malgré les dreyss et les canons prussiens, une Providence maternelle veillait sur la France, et qu'après l'orage avec ses éclairs et ses tonnerres, une aurore nouvelle luirait qui serait pour notre pays une source de vie.

J'ai dit que deux autres colonnes, fortes chacune de mille hommes, avaient passé par Foulain. Arrivées à Louvières, elles se scindèrent. La première, commandée par un colonel prussien, gravit à gauche les rochers escarpés qui dominent la ferme du Vau et le moulin du Rondelet, tandis que la seconde traversait Louvières et pénétrait dans la forêt. Un fort peloton d'infanterie et quelques hulans devaient surveiller la route départementale de Foulain à Nogent.

L'ennemi avait donc tendu un filet dans lequel devaient nécessairement être pris les soixante francs-tireurs qu'il savait encore dans la ville. La colonne venant de Chaumont par Mandres devait les attaquer en face et, au besoin, les laisser le plus longtemps possible derrière les barricades pour donner le temps aux deux autres colonnes de se réunir et de prendre cette poignée d'hommes par derrière.

Ce plan si bien conçu ne réussit pourtant pas, grâce à la prudence du lieutenant commandant la compagnie en l'absence du capitaine.

Il avait deviné le projet de l'ennemi. Au lieu de défendre les barricades élevées à l'extrémité du pays, et de courir le risque d'être pris par derrière avec la poignée d'hommes qu'il commandait, il sortit de la ville avec eux en toute hâte et, gravissant au pas de course la colline opposée, arriva après un quart d'heure au hameau de Laperrière.

Il put voir alors à quel danger il venait d'échapper. De tous côtés il était environné d'ennemis. Une seule route était encore libre, celle de Nogent à Vitry ; il ne fallait pas penser à celle de Langres ; les Allemands y avaient peut-être placé une embuscade.

C'est alors que se livra un combat de géants. Pareils aux Grecs défendant les Thermopyles, commandés par un nouveau Léonidas, soixante contre deux mille ; ils tinrent tête à l'ennemi, pendant six heures et pendant six heures ils se défendirent avec la rage du désespoir.

Les Prussiens irrités, furieux de leur insuccès, résolurent de tenter un dernier effort. Ils se précipitèrent à l'arme blanche sur leurs ennemis ; mais cette fois encore ils durent rétrograder. Fusillés à bout portant pas un ennemi invisible, voyant leur colonel, plusieurs officiers et beaucoup de leurs soldats hors de combat, ils allaient probablement revenir sur leurs pas, lorsque la troisième colonne jusque-là immobile dans le bois de Louvières reçut l'ordre d'entrer en ligne. En quelques minutes le cercle de fer dans lequel se trouvaient les francs-tireurs fut presque fermé, encore un peu, et ils allaient être pris comme dans une souricière.

L'officier français jugea d'un coup d'œil la situation et voulut essayer de sauver ses hommes pleins de courage encore, mais n'ayant plus que quelques cartouches à brûler. Ils laissaient trois morts sur le lieu du combat et deux blessés seulement.

Ce fut alors du côté des francs-tireurs un sauve-qui-peut général. Les plus alertes purent gagner la róute de Vitry ; c'était pour eux le salut. Quelques uns, et ce fut le petit nombre, poursuivis de près par les hulans, se réfugièrent dans les premières maisons de Nogent-le-Bas ; les autres enfin, et ce fut le plus grand nombre, entrèrent dans l'usine de M. Sommelet à Courcelles. Il y avait là deux cents enfants de la petite Roquette de Paris. En un instant les francs-tireurs devinrent méconnaissables ; la barbe coupée, la figure couverte de cendres et d'émeri, les uns travaillant avec les enfants et ayant adopté leur costume, les autres déguisés en contremaîtres.

Les Prussiens se précipitèrent comme une avalanche dans l'usine et ses dépendances.

Le stratagème avait réussi ; ils ne virent rien, ne reconnurent personne. Il est probable que la colère les aveuglait.

Il n'en fut pas de même pour ceux qui étaient entrés dans les premières maisons de Nogent-le-Bas. Celles-ci furent visitées soigneusement. Les francs-tireurs reconnus et faits prisonniers furent à l'instant fusillés.

L'histoire doit être impartiale et vraie. L'armée du roi Guillaume se déshonora une fois de plus en commettant un crime inouï dans l'histoire ; en faisant une de ces atrocités qui n'a de nom dans aucune langue ; et ce crime fut consommé par les soldats d'une nation qui se dit civilisée, en plein dix-neuvième siècle, contre le droit des gens, à l'encontre des lois de la guerre, et sans qu'un seul de ces bandits ait eu seulement un semblant de remords.

C'était peu pour eux d'avoir assassiné des hommes désarmés. Pour voiler leur forfait, c'est à l'incendie qu'ils eurent recours. En quelques minutes la moitié de la ville basse était incendiée. Quatre-vingt-huit maisons brûlaient comme des paquets de bois sec.

Les malheureux habitants, désolés, voulaient se précipiter au milieu des flammes pour sauver au moins leurs objets les plus précieux. Vain désir, inutile démarche. Les soldats, la baïonnette en avant, repoussaient brutalement ces malheureux.

C'était un affreux spectacle. Ma plume, aujourd'hui encore, tremble en écrivant ces lignes.

Les flammes, qu'aucun secours humain ne venait éteindre, s'élevaient dans la nue. Un tourbillon de noire fumée aveuglait ceux qui osaient s'approcher. Et devant ce brasier, témoins muets dans leur douleur, les propriétaires des maisons incendiées, voyant s'engloutir leur fortune avec leur dernière espérance.

Les cadavres des francs-tireurs, restés dans le brasier, répandaient une odeur de chair grillée. Pour franchir les rues, il fallait traverser une mer de flammes.

A huit heures du soir, l'immense fournaise n'ayant plus d'aliments, s'éteignit. Les toitures des maisons s'effondrèrent. Le lendemain, à la place d'habitations qui la veille encore respiraient l'aisance, le visiteur n'avait plus devant lui que des pans de murs calcinés et à demi renversés. Trois cents personnes étaient sans asile, sans pain et sans vêtements.

Les justiciers du roi Guillaume avaient passé par là.

Cette nouvelle barbarie fit grand bruit; les journaux anglais y firent longtemps allusion.

Rien n'a été saint pour eux, disait le Morning Post. *Chaque article du droit des gens a été par eux violé. On a pillé les villes. On y a mis le feu après avoir versé du pétrole sur les portes et sur les boise-*

ries des maisons. *Les rapports allemands,* ajoutait-
il, *confirment plutôt qu'ils ne les réfutent les accu-
sations françaises.*

La *Gazette de Cologne* dans son numéro du
21 décembre 1870, voulut bien convenir que de
pareils faits sortaient des conditions ordinaires de
la guerre.

*La guerre, ajoutait-elle, prend de plus en
plus un caractère cruel et barbare.*

Il fallait cependant excuser de pareilles brutalités.
Voici comment elle s'y prit.

*On avait tiré sur nos troupes de diverses maisons
particulières, et une compagnie envoyée pour châtier
ces actes, en imposant une contribution propor-
tionnée, avait également reçu des coups de feu.*

Mensonge odieux! La *Gazette de Woss* fut plus
franche :

*Nogent, a-t-elle dit, a été châtié à la Châteaudun
Les 6 et 7, des combats avaient eu lieu; mais, d'après
l'assertion du maire, que les Prussiens avaient
emmené comme otage, la population n'y avait pris
aucune part et avait gardé une attitude stric-
tement passive. A Nogent, on a décidé de faire un
exemple dur, terrible, mais nécessaire; car l'esprit
de la population est toujours récalcitrant.*

Voilà, messieurs, ce que c'est que d'être réellement
Français. Vous avez dit que la ville était pauvre et,
par conséquent, incapable de payer une aussi forte
contribution de guerre; vous avez permis à des mobiles, enfants du pays comme vous et moi, de verser
leur sang pour vous défendre; vous avez refusé de
servir d'espions à un Prussien contre des Français;

vous avez commis un crime impardonnable aux yeux des Allemands !!!

A quatre heures du soir, les deux bataillons de Landwher qui avaient pillé et incendié la ville basse, contents de leur œuvre, ayant à peu près épuisé leur provision de cartouches et de pétrole revinrent à Chaumont par Foulain, emmenant avec eux cinq francs-tireurs prisonniers. Parmi eux se trouvait le lieutenant de la compagnie. C'était un soldat, celui-là, énergique, intelligent.

Sûr d'avance du sort que lui réservaient les Prussiens lors de leur arrivée à Chaumont, et sachant qu'il ne pouvait attendre d'eux ni pitié ni miséricorde, il résolut d'en finir d'un coup avec la vie.

Bien que surveillé de près, il put tirer de dessous sa vareuse un poignard qui ne le quittait jamais, et avant que ses gardiens eussent pu deviner son intention, il s'en donnait un coup mortel.

Son cadavre fut transporté à Chaumont et jeté sans cérémonie dans la fosse commune.

Le suicide est un crime, par conséquent nous ne pouvons approuver l'acte en lui-même ; mais il est difficile de se défaire d'une certaine admiration pour le motif qui l'inspira.

Humainement parlant, il n'avait avancé sa mort que de quelques heures.

Les autres prisonniers furent, selon toute apparence, fusillés en arrivant à Chaumont, au lieu dit la Maladrerie, car jamais on ne les revit.

Le bataillon d'infanterie prussienne (Silésie) qui avait pénétré dans Nogent-le-Haut se retirait en même temps après avoir consciencieusement pillé un certain nombre de magasins et allumé une vingtaine d'incendies. C'est par de pareils actes que les Allemands ont creusé entre les deux nations un abîme de haine qui ne sera jamais comblé.

Nous avions cru tout d'abord que la compagnie des francs-tireurs avait été anéantie. Nous fûmes rassurés le soir même, et surtout le lendemain matin lorsque nous visitâmes le lieu du combat.

Six cadavres seulement furent ramassés tant sur la hauteur vis-à-vis l'ancien moulin du Rondelet que dans les maisons incendiées de Nogent-le-Bas. Trois blessés furent transportés chez les sœurs, qui, dans cette circonstance, transformèrent une de leurs classes en ambulance et donnèrent leurs soins à ces malheureux.

Le surlendemain, 14 décembre, nous conduisions à leur dernière demeure les restes mortels de ceux qui avaient péri dans la lutte. Et puis, la cérémonie terminée, chacun rentrait chez soi l'âme attristée et la haine au cœur.

Il y avait encore un point noir à l'horizon ; le tonnerre n'allait pas tarder à gronder de nouveau.

J'ai dit plus haut que les Prussiens avaient perdu un colonel dans le combat du 13. Son cadavre avait été ramené à Chaumont le soir du même jour. Ne s'étant pas attendus à une lutte aussi vive, ils n'avaient point avec eux de fourgons d'ambulance. Ils réunirent les cadavres des leurs en un seul monceau qu'ils recouvrirent de neige. Le lendemain, une escouade de soldats sans armes commandée par un officier, ayant avec elle le matériel nécessaire, enleva les morts et les conduisit à Chaumont.

Personne, et je l'affirme, n'en a jamais connu le nombre exact. Tout ce que je sais, c'est que me trouvant à cinq cents mètres d'eux à peine, j'ai pu constater qu'ils avaient fait des pertes énormes comparées à celles des Français.

Plusieurs habitants avaient fait le coup de feu avec les francs-tireurs. On avait extrait de nombreuses chevrotines du corps du colonel. C'était pour notre pays une condamnation à mort.

Le vrai *coupable* avait payé de sa vie son patriotisme, car nous l'avons trouvé sans vie entre deux rochers. Il était encore dans la position d'un homme qui vient de tirer un coup de fusil. La mort avait dû être instantanée. C'était M. Georgin. Qu'il repose en paix !

Les Prussiens n'étaient cependant pas satisfaits ; le pays était à leurs yeux moralement responsable.

Un conseil de guerre fut aussitôt réuni à la préfecture. Un pareil crime méritant une punition, il fut décidé à l'unanimité que Nogent serait détruit ; que tous ses habitants seraient passés au fil de l'épée ; que, comme autrefois pour Milan, on sèmerait du sel sur ses ruines, et l'on élèverait une colonne pour indiquer la place où avait été la ville.

L'expédition fut retardée de deux jours à cause des funérailles du colonel. Ce délai nous sauva.

La sentence du conseil de guerre, quoique tenue très secrète, parvint le jour même à la connaissance de plusieurs habitants de Chaumont. Un exprès partait à huit heures du soir et arrivait à minuit à Nogent. Ne sachant à qui s'adresser, le maire étant incarcéré, cet homme alla résolument frapper à la porte du presbytère et communiqua la triste nouvelle à M. Mettrier, curé de Nogent.

C'est ici qu'il me faut parler de l'un de ces dévouements que seule la religion peut inspirer.

Lorsqu'il apprit le terrible sort réservé à sa
paroisse, je devrais dire à ses enfants, car, — et vous
le savez bien tous, il nous aimait comme un bon
père aime les siens : depuis trente-huit ans il n'avait
visité aucune misère sans la soulager, aucune douleur sans la consoler ; nos joies étaient ses joies, nos
peines étaient ses peines ; — son âme fut remplie
d'une grande pitié, mais il ne désespéra point. Sainte
Geneviève aux portes de Paris ; saint Loup à celles
de Troyes étaient pour lui des souvenirs et un motif
d'espérance.

Ne pourrait-il pas, lui, sauver Nogent ? Le bras de
Dieu se serait-il raccourci ? Il arrêterait, lui aussi,
le nouvel Attila.

Le 15, au matin, M. Mettrier avait dit sa messe
de bonne heure et récité pieusement son office. Sa
résolution, lorsqu'il eut mangé le Pain des forts,
était plus irrévocable que jamais ; dût-il faire cette
démarche seul, il la fera fidèle à son passé. Est-ce que
depuis trente-huit ans il ne nous a pas donné l'exemple
de la plus ardente charité ? Est-ce que, pendant ces
nombreuses années, nous ne l'avons pas regardé
comme le modèle de toutes les vertus ? Est-ce qu'il
n'est pas le fervent disciple de celui qui a dit : *Le
bon Pasteur donne sa vie pour ses brebis.*

J'eus l'honneur d'être son intermédiaire dans
cette circonstance et d'aller de sa part proposer à
MM. Marcellin Girard et Guerraut de l'accompagner.

Bien des événements se sont précipités depuis cette
époque ; le premier de ces hommes a fait couler bien

des larmes et causé dans son pays un immense désastre financier.

Eh bien, de quelque blâme qu'il ait été l'objet à tort ou à raison, je dois, à la vérité, de dire que ce jour-là M. Marcellin Girard fut un grand cœur.

Je ne veux point parler ici de M. Guerraut; sa réputation d'homme de cœur et d'honneur est faite depuis longtemps.

Bien que la mission proposée fût délicate et dangereuse, tous deux l'acceptèrent courageusement.

A huit heures et demie du matin, les trois ambassadeurs partaient à toute vitesse pour Chaumont, emportant avec eux les destinées de leur pays.

La population les vit s'éloigner avec anxiété. Nous connaissions la cruauté allemande, et nous savions que, pour satisfaire sa vengeance, rien, pas même un crime, ne lui aurait coûté, et nous nous demandions si les trois hommes charitables, qui venaient de se dévouer, n'allaient pas grossir le nombre des victimes; s'ils n'allaient pas être fusillés par les Prussiens, en même temps que nos chers compatriotes emmenés comme otages et gardés depuis neuf jours déjà sous les verroux.

A onze heures, ils étaient à Chaumont; et leur premier soin fût d'aller trouver le colonel commandant en chef le département.

Ses premières paroles ne furent ni bienveillantes ni courtoises. *Nogent, leur dit-il, renferme une population d'assassins; il faut en finir: votre ville sera détruite et tous ses habitants massacrés.*

Ils s'aperçurent alors qu'il savait tous les détails de cette lamentable histoire.

Pendant une demi-heure, M. Mettrier épuisa en

vain tous les arguments que son cœur de pasteur
pouvait lui suggérer. Et plus la discussion se pro-
longeait, plus son trouble augmentait. L'Allemand
restait inexorable. Ce fut bien pis encore lorsqu'il
voulut demander la grâce de ses paroissiens gardés
en otages. La colère du colonel ne connut plus de
bornes. *C'est par eux que nous commencerons, dit-
il, ils seront fusillés les premiers.*

C'est alors que, désespérant de fléchir ce cœur de
fer, et à bout d'arguments, M. Mettrier, oubliant son
grand âge et ses cheveux blancs, se jeta aux genoux
de l'orgueilleux Allemand, en lui disant : *Puisque
vous persistez à croire que mes paroissiens ont
commis un crime impardonnable à vos yeux, puis-
qu'il vous faut une expiation et une victime, eh bien,
faites de moi ce qu'il vous plaira, mais pardonnez-
leur.*

La glace était rompue ; le cœur de fer était brisé.
L'officier le releva vivement et lui accorda, en l'em-
brassant, la grâce demandée et si longtemps re-
fusée.

Cette humiliation ! Un prêtre catholique coutumier
de tous les dévouements, avide de tous les sacrifices
pouvait seul s'y résigner.

La permission de visiter les prisonniers leur fut
ensuite accordée. Brisés par l'émotion, les yeux encore mouillés de larmes, ils étaient peu capables de
consoler ces infortunés. Cependant les choses se
passèrent bien.

M. Mettrier leur dit en peu de mots ce qui venait
d'arriver et leur annonça qu'ils allaient être rendus
à la liberté. Leurs visages se transfigurèrent aussitôt.

Depuis neuf jours, et l'on n'avait point manqué de le leur dire, ils devaient être fusillés; maintenant ils étaient libres, ils allaient rentrer dans leurs foyers, ils pourraient embrasser les leurs et revoir leurs concitoyens.

Au commencement ils ne pouvaient y croire. M. Combes surtout, qui avait le plus souffert, ne savait comment témoigner sa reconnaissance à son libérateur.

Ce qu'il venait de faire semblait à M. Mettrier si simple et si naturel qu'il ne s'est même pas demandé s'il n'avait pas affronté un grand danger. C'était comme cela, je le répète, qu'il comprenait son rôle de pasteur.

Le lendemain, 16 décembre, les prisonniers ayant à leur tête M. Combes, sortaient du cachot après dix jours de la plus rigoureuse captivité. La population tout entière les accueillit avec des transports de joie, et tous s'appliquèrent à leur faire oublier les souffrances éprouvées et les humiliations subies.

Douze ans déjà se sont écoulés depuis les événements que je viens de rappeler.

Les ruines ont disparu, les maisons sont rebâties, les blessures cicatrisées, la confiance est rentrée dans les âmes. Il nous reste le souvenir à jamais ineffaçable de ceux qui sont morts dans ces tristes jours. Prions pour eux, car c'est pour nous tous qu'ils sont tombés.

L'inquiétude et le chagrin avaient ébranlé la constitution pourtant si robuste de M. Mettrier; il aimait d'un égal amour l'Église et la France, et à chaque nouvelle défaite infligée à nos armes, son cœur recevait une nouvelle blessure.

Les événements du mois de décembre l'avaient

rendu méconnaissable; il passait ses jours dans la tristesse, ses nuits dans l'insommie.

Trois mois après, un malade atteint de la petite vérole le mandait à son chevet; c'était le jour de Pâques au soir. C'est en remplissant un devoir sacré qu'il puisa le germe de cette terrible maladie qui, pendant la guerre, a fait tant de victimes, et qui devait le conduire au tombeau.

Sa mort causa un deuil général, ses paroissiens le pleurent encore. Son nom, gravé dans tous les cœurs, est devenu presque légendaire. Son corps, d'abord inhumé dans le cimetière, repose maintenant dans le chœur de cette belle église de Nogent, qui est son œuvre et qui suffirait à elle seule pour l'immortaliser.

O ironie du sort! ce prêtre, si Français par la naissance et par le cœur, avait encore, même après sa mort, une épreuve à subir.

C'est en jouant les marches funèbres de Mozart et de Beethoven que la fanfare du 2e régiment de Westphalie le conduisit à sa dernière demeure.

Les Prussiens, pendant leur séjour à Nogent, avaient pu l'apprécier. Ils l'appelaient le bon pasteur.

Pour eux, je ne sais pas; mais pour nous c'était vrai.

Un mot seulement pour terminer. Vénérable prêtre qui avez été dans ces jours mauvais notre providence et notre salut, daignez agréer, du haut du ciel où vous êtes certainement, ce témoignage un peu tardif de reconnaissance et d'amour. Il m'a été donné de voir de près vos angoisses pendant cette guerre terrible. Puissiez-vous m'appeler un jour auprès de vous, pour me donner une part du bonheur éternel que vous avez en partage ; car à qui le paradis serait-il réservé, sinon à ceux qui, comme vous, ont passé leur vie à aimer Dieu de tout leur cœur et à faire du bien à leurs frères ?

L'abbé VOILLEMIN,
curé d'Augers.

www.ingramcontent.com/pod-product-compliance
Lightning Source LLC
Chambersburg PA
CBHW060747280326
41934CB00010B/2389